FORMULA UNA ESTRATEGIA DIGITAL GANADORA

Aprende a formular Estrategias Digitales de Éxito para hacer crecer tu Negocio

BERT LANGA

Copyright © 2018 Bert Langa

Todos los derechos reservados.

ISBN: 9781983043406

DEDICATORIA

A mi familia.

CONTENIDO

Introducción	4
El reto de Salud Dental Ltd.	7
Metodología de Desarrollo de la Estrategia Digital	15
Estrategia Digital versus Estrategia de Negocio	17
Estrategia Digital versus Plan de Marketing Digital	20
Estrategia Digital versus Estrategia de TI	23
Objetivos Clave de negocio	26
Definición de Objetivos Clave de negocio. Caso de estudio: Empresa de Deportes	29
Modelo Digital actual	31
Modelo Digital actual. Caso de estudio: Empresa de Bienes de Lujo	41
Modelo Digital futuro	47
Programa de Transformación Digital	51
Ejemplos reales de Estrategias Digitales	55
Modelo Financiero	58
Gestión del Programa de Transformación digital	61
Resolviendo el reto de Salud Dental Ltd.	64
Desarrolla tu propia Estrategia Digital	70
Acerca del Autor	72

AGRADECIMIENTOS

A mi familia

INTRODUCCIÓN

En primer lugar, quería darte las gracias por comprar este libro. Mi nombre es Bert, y soy un inversor privado con experiencia en la creación de modelos de negocio disruptivos basados en las nuevas tendencias tecnológicas. Durante los últimos quince años, me he dedicado principalmente a innovar modelos de negocio de compañías cotizadas y a ayudar a startups tecnológicas para que se muevan de la etapa de inversión inicial a la de crecimiento.

En este libro te voy a explicar cómo desarrollar una Estrategia Digital para transformar tu negocio y hacerlo crecer. Sin embargo, antes de entrar en material, quería hacerte una pequeña reflexión.

El mundo cada vez es más Digital. Y, el mundo de los negocios, todavía más. Ello significa que los líderes de mercado están apostando con fuerza por la Transformación Digital. Veamos algunos ejemplos a continuación.

En primer lugar, hablemos de Nike, que fue de las primeras corporaciones en nombrar un CDO (*Chief Digital Officer*) en el año 2016. Su objetivo principal: transformar el negocio gracias a las nuevas oportunidades digitales.

Hablemos también de General Electric (GE), una corporación que factura más de 100,000 millones de dólares, y que ha creado Predix, el sistema operativo para el Internet industrial que utilizan sus clientes internos y externos. Su objetivo es generar 4,000 millones de dólares alrededor de esta plataforma en los próximos años. Gracias a iniciativas como esta, la unidad Digital de GE pretende alcanzar los 15,000 millones de dólares de facturación y 1,000 millones adicionales derivados de la reducción de costes por eficiencias internas.

Y, finalmente, hablemos de Walmart, que se está convirtiendo en un gigante digital. ¿Cómo lo ha logrado? Mediante una estrategia agresiva de crecimiento inorgánico, soportada mayoritariamente en la compra por 16.000 millones de dólares de una participación inicial del 77% en Flipkart, el gigante indio del comercio electrónico por el que Jeff Bezos también mostró interés. Dicha compra les está permitiendo impulsar definitivamente las ventas online de la compañía.

Como puedes ver, la Estrategia Digital forma parte de la agenda de las corporaciones más exitosas.

Pero, ¿cómo se podría definir la Estrategia Digital? Una buena forma de hacerlo es hablar de ella en términos de proceso, es decir, considerándola "el resultado de un proceso de planificación por el cual una compañía define nuevas estrategias de negocio soportadas por capacidades digitales y un plan de acción específico para ponerlas en marcha".

Es decir, crear una Estrategia Digital no tiene que ver exclusivamente con digitalizar los procesos de la compañía. No se trata tampoco de crear una nueva página web o una aplicación móvil en el "Apple Store". Se trata de reinventar el negocio aprovechando capacidades digitales existentes o creando nuevas.

¿Quieres desarrollar tu propia Estrategia Digital y convertirte también en un líder de mercado? A lo largo de este libro, te explicaré cómo hacerlo utilizando mi metodología (llamada *Digital Strategy Blueprint* o *DSB*). Dicha metodología te permitirá responder preguntas clave como las siguientes:

—¿Cuál es el posicionamiento de la compañía en el mundo digital?

—¿Qué objetivos de la Estrategia de Negocio se pueden potenciar mediante el uso de capacidades digitales? ¿Qué nuevos objetivos propios de la Estrategia Digital quiero alcanzar?

—¿Qué capacidades digitales actuales puedo usar?

—¿Qué nuevas capacidades debo crear?

—¿Cómo puedo combinarlas para transformar la compañía y conseguir los objetivos de negocio definidos?

—¿Qué cambios debo efectuar al modelo tecnológico, operativo y organizativo?

—¿Qué inversiones se requieren para alcanzar los objetivos planteados? ¿Cuál es el modelo financiero asociado? (incremento de ventas vs inversiones)

—¿Qué plan de acción debo ejecutar para poner en marcha la Estrategia Digital?

La metodología *DSB* te permitirá responder efectivamente a dichas preguntas. Para ponerla en práctica, utilizaremos ejemplos reales de compañías. Mediante dichos ejemplos, aprenderás a analizar la situación actual del negocio en términos de capacidades digitales, desarrollar el modelo digital futuro y el plan de acción correspondiente para alcanzarlo.

DSB está basada en la experiencia acumulada desarrollando proyectos de gestión para multinacionales de la máxima relevancia (aunque este método lo podrás utilizar también en compañías de menor tamaño e incluso startups).

Finalmente, antes de pasar al siguiente capítulo, te quería plantear un pequeño acertijo. ¿Sabrías decirme quién inventó el primer teléfono móvil, el embrión de la transformación digital que estamos viviendo actualmente? Al final del libro te daré la respuesta, aunque por ahora te avanzo una pista: no fue Apple.

EL RETO DE SALUD DENTAL LTD.

Como en todos mis libros, vamos a tratar de ofrecer en los siguientes apartados una visión práctica de la Estrategia Digital que cubra el mundo de las corporaciones y el de otras compañías de menor tamaño.

Para ello, en este apartado, vamos a presentar el reto de negocio de una Compañía de Salud Dental.

En primer lugar, vamos a ver los problemas que tuvo esta organización para definir su primera Estrategia Digital en el año 2013 y, al final de libro, veremos cómo mejorar lo que ellos desarrollaron aplicando todo lo que vamos a aprender.

Sin embargo, para entender mejor el contexto en el que esta empresa decidió formular su primera Estrategia Digital, vamos a repasar cuándo y cómo nace el concepto de Transformación Digital.

Podríamos decir que este concepto nació en los años 60, cuando fue desarrollado el primer ordenador empresarial de gran tamaño, el llamado IBM S/360 (Sistema 360). Este ordenador ayudó a numerosas empresas, especialmente financieras, a digitalizar sus procesos de negocio y de soporte.

El IBM S/360 facilitó la compartición de información entre diferentes departamentos de las empresas. En ellas, los empleados observaron incrédulos como empezaban a digitalizarse procesos de facturación, gestión de inventarios, cuentas a pagar, gestión de nóminas, ventas, etc.

Otros dos hitos relevantes en el proceso de Transformación Digital de las empresas fueron la aparición del correo electrónico (el primero se envió en 1971 a través de la red ARPANET) y, posteriormente, el primer "Personal Computer" u ordenador personal (el IBM PC apareció en 1975). Ambas innovaciones cambiaron definitivamente la forma en que nos comunicábamos y trabajábamos en ese momento. Recuerdo que, en esa época, estaba trabajando como analista en una compañía de consultoría y ¡únicamente podías acceder al correo electrónico cuando eras promocionado a Consultor Senior! Increíble, ¿no?

Después vinieron ya otras innovaciones, como la tecnología Cliente/Servidor que terminó con la hegemonía del S/360 e impulsó la descentralización de la información y la transformación digital de las organizaciones.

Y llegamos al punto crítico, el nacimiento de la Web en los años 1990, el hito definitivo en la evolución tecnológica de las empresas. No importa que entre 1997 y 2002 asistiéramos al pinchazo de las compañías ".com". La Web ha sido el componente principal que, tras el legendario S/360 de IBM, ha posibilitado la aparición de tecnologías clave como las aplicaciones móviles.

Sin embargo, a nivel empresarial, yo empecé a oír a hablar de Estrategia Digital y Transformación Digital algo más tarde. Alrededor del año 2011, las principales consultoras tecnológicas empezaron a moverse del concepto de Estrategia de TI al de Estrategia Digital. Ese año, el concepto Digital empezó a coger fuerza. A título de ejemplo, Accenture, una de las principales consultoras a nivel mundial que factura más de 30 billones de dólares, lanzó Accenture Digital en el año 2013, unidad de negocio que según ellos "combinaba los servicios digitales de la empresa en una nueva área digital integral e integrada".

Ese mismo año, yo era uno de los miembros del Consejo de Implantes Dentales Ltd. (ese no es el nombre real de la compañía). Y, como te he dicho anteriormente, en el 2013 la empresa desarrolló su primera Estrategia Digital. Cabe decir que, en ese momento, muchas empresas querían ser digitales, pero faltaba experiencia para llevar a cabo el proceso de transformación necesario.

Salud Dental Ltd., que estaba basada en Israel, tenía una división de implantes que facturaba cerca de 50 millones de dólares anuales. Las ventas de esa división estaban decreciendo desde hacía tres años. La situación era insostenible y era necesario hacer algo. En el Consejo creíamos que, si seguían compitiendo por precio, continuarían erosionando sus ventas y sus márgenes. Por lo tanto, pensábamos que se debía aportar más valor a los clientes y la digitalización parecía una opción interesante (recuerda que era el año 2013 y Digital empezaba a ponerse "de moda"). La pregunta era, ¿cómo? ¿Cómo digitalizar la propuesta de valor? Y responder a esa pregunta forma parte del aprendizaje de este capítulo.

Antes de desarrollar el caso, te voy a explicar qué son los implantes dentales. En concreto, los implantes se componen de una raíz de titanio puro que, como un tornillo, va anclada a la mandíbula. Encima de ella, se coloca una prótesis que imita al diente desaparecido. El implante se fusiona con el hueso maxilar, proporcionando un soporte estable para los dientes artificiales. Los implantes son más costosos que otros métodos de reemplazo de piezas dentales, porque se trata de elementos de alta tecnología que además requieren de especialistas para su colocación (los llamados implantólogos).

El mercado de los implantes es un mercado billonario, cada año se colocan millones de implantes y ese número se incrementa en un veinte por ciento aproximado anual. No obstante, en el año 2013 era un sector con una competencia feroz (ahora lo sigue siendo). Dicha competencia, localizada en gran parte en Israel, había convertido el implante en una "comodidad", es decir se competía básicamente por precio. Esa era la razón de que las ventas de Salud Dental Ltd. hubieran decrecido sustancialmente en los tres últimos años (esta compañía competía por valor).

Como te he dicho anteriormente, para remontar las ventas de implantes, el Consejo de Salud Dental Ltd. planteó en el año 2013 el desarrollo de una Estrategia Digital. El mismo CEO de la empresa asumió el liderazgo de este proyecto y, con el apoyo de unos consultores externos, presentó un documento con un plan de acción en el que se hablaba básicamente de incrementar el posicionamiento de la compañía en redes sociales.

Después de esta reunión donde se presentaron los resultados del proyecto de Digital, ¿piensas que alguien quedó satisfecho? La respuesta es no. ¿Cuál es el problema del plan de acción planteado? Muy fácil. El equipo, liderado por el CEO, había desarrollado un Plan de Marketing Digital, no una Estrategia Digital. Es decir, habían definido un plan de acción para mejorar el posicionamiento en la Web y redes sociales (lo que podría provocar un incremento de las ventas o no). No habían identificado líneas de trabajo claras para transformar el negocio de los implantes dentales mediante la utilización de capacidades digitales (lo que potenciaría con toda seguridad al negocio).

Ese es uno de los primeros aprendizajes de esta lectura. Muchas veces me encuentro con clientes que confunden esos dos términos. No obstante, es importante destacar que la Estrategia Digital es diferente al Plan de Marketing Digital (más adelante te explicaré en detalle las diferencias).

Por lo tanto, ¿qué hicimos? Agradecimos a los consultores externos el esfuerzo realizado y le hicimos ver al CEO que quizás era mejor desarrollar el proyecto internamente. Y aquí nos encontramos con un nuevo problema.

Verás, como resultado de este segundo proyecto, se

presentó al Consejo un nuevo plan que incluía líneas de acción de mayor calado para el negocio, como por ejemplo:

—Implantar una solución de comercio electrónico.

—Formar a la fuerza de ventas de implantes en Digital para mejorar las posibilidades de ganar oportunidades.

—Desarrollar una nueva solución digital de Cirugía guiada por ordenador (CGS).

El único objetivo del plan de acción planteado era lograr que la división de implantes volviera a crecer. Aunque el Consejo estaba más satisfecho con la nueva Estrategia, la verdad es que algunos miembros creíamos que no era suficiente. ¿Por qué? Por varios motivos que te voy a explicar a continuación.

En primer lugar, el equipo había desarrollado la Estrategia Digital para lograr un único objetivo de negocio. En concreto, se trataba de un objetivo Financiero: volver a crecer. Sin embargo, no habían tenido en cuenta otros objetivos que podrían conseguirse si se implantaba la estrategia digital adecuada. Hablo de objetivos no financieros como los asociados a la perspectiva de Cliente, Interna o Talento. ¿Por qué solo se pensaba en implantar una Estrategia Digital para vender más y no se aprovechaba para mejorar el nivel de satisfacción de los clientes (perspectiva Cliente), la eficiencia de los procesos de fabricación interna (perspectiva Interna) o el nivel de satisfacción de los empleados (perspectiva Talento)? Ejemplos de iniciativas digitales con impacto sobre ese tipo de objetivos serían:

—Redefinir y digitalizar todos los procesos de la división, con especial foco en las áreas comerciales y de atención al cliente.

—Definir un ecosistema digital (web y redes sociales) que tenga un impacto positivo en el cliente.

—Mejorar los dispositivos tecnológicos móviles de los

empleados.

Es decir, uno de los aspectos clave en la definición de una Estrategia Digital, es determinar los objetivos clave de negocio que se persiguen, en todas sus perspectivas. El equipo había identificado un único objetivo Financiero, pero no había tenido en cuenta otras perspectivas como Cliente, Interna o Talento. Este es también un problema que me suelo encontrar en mis clientes y que, más adelante, te explicaré cómo resolver.

En relación con el contenido de las iniciativas que proponían que formaran parte de la Estrategia Digital, destacaba especialmente la creación de una nueva solución digital de Cirugía guiada por ordenador. En concreto, se planteaba crear una solución basada en Impresión 3D que maximizara la eficiencia en la colocación de los implantes dentales. Mediante esa nueva iniciativa digital, pretendían que los dentistas que utilizaban sus implantes pudieran colocarlos de forma menos invasiva y acortar el periodo de convalecencia de los pacientes. Lógicamente, esta solución sería propiedad de Salud Dental Ltd. y únicamente podría ser utilizada por sus clientes y para colocar sus implantes. De esta forma, aportaban un valor claro e innovador a los clientes que esperaban les permitiera dejar de competir por precio.

Pero ¿cuáles eran el enfoque y alcance concretos de esta solución? Te lo explico a continuación.

En la cirugía odontológica tradicional, el dentista no tiene nunca referencias de la posición en la que deben ir los implantes. Por lo tanto, existe el riesgo de que los coloque en una posición o con un ángulo de inclinación incorrectos y que, con el tiempo, fracasen (lo que obliga a recolocarlos con el consiguiente impacto sobre el paciente y el propio dentista).

La solución digital planteada por el equipo de Salud

Dental Ltd. estaba basada en el concepto de cirugía guiada por ordenador (algo que ya se usa habitualmente en la actualidad). Esta cirugía permite visualizar en pantalla la mandíbula del paciente mediante un TAC digital. Luego, se puede determinar virtualmente la zona exacta donde se deben colocar los implantes para que no fracasen (zona con mayor volumen y densidad ósea). Finalmente, a partir del modelo obtenido con el TAC, se utiliza la impresión 3D para crear una plantilla que se adapte perfectamente a la boca del paciente y permita colocar el implante en el lugar exacto planificado, evitando posibles fracasos.

La solución planteada como parte de la Estrategia Digital, consistía en ofrecer a los clientes de Salud Dental Ltd. la integración de un escáner, una impresora 3D y el software necesario para ejecutar este proceso con éxito.

Cuando nos lo contaron me encantó. Me pareció una iniciativa clara de transformación digital, de valor añadido y digna de formar parte de cualquier Estrategia Digital. No obstante, también me di cuenta de otra cosa. El hecho de no haber aplicado ningún método contrastado para la definición de la Estrategia Digital les había hecho olvidarse de analizar puntos críticos necesarios para tener éxito. Se lo mostré al equipo de trabajo haciéndoles algunas preguntas.

En primer lugar, les pregunté sobre el punto de partida, el Modelo Digital actual. Por ejemplo, ¿su tecnología actual de implantes se podría integrar fácilmente con productos hardware como las impresoras 3D o software como la herramienta de planificación de la cirugía? También les interrogué acerca de si sus funciones de negocio estaban suficientemente preparadas para vender soluciones hardware y software. ¿Cómo las iban a facturar? ¿Como parte del valor del producto? ¿Como servicios adicionales? Y, finalmente, les pregunté acerca de su organización: ¿estaba suficientemente preparada para cumplir con los requerimientos de la nueva solución digital?

Al ver su reacción decidí no profundizar más, aunque me quedaban muchas preguntas por hacer. Por ejemplo ¿qué competidores iban a tener? ¿Cuáles eran los costes de desarrollo de la nueva solución vs el incremento de ventas que esperaban? Su facturación era de 50 millones de dólares anuales, por lo que en una primera estimación necesitarían crecer entre un 5-10% anual para poder financiar todo el hardware, software e ingenieros que necesitaban. ¿Iban a ser capaces?

Podríamos concluir que a la Estrategia Digital le faltaba profundidad de análisis y rigor. ¿Qué es lo que había pasado? ¿Cuál es el aprendizaje de esta parte del caso de estudio? Pues bien, el aprendizaje principal es que para desarrollar una Estrategia Digital es necesario método (aquí te explicaré uno, aunque hay otros). Tener método es la mejor forma de garantizar que se analiza y define todo lo necesario para tener éxito. Muchas veces se confunde hacer las cosas bien con introducir burocracia en el proceso. Se puede aplicar método y ser eficiente (lean), se puede hacer las cosas bien y ser rápido.

El problema real fue que, en el año 2013, todavía no había demasiado método y el equipo interno de Salud Dental Ltd. se había enfocado en la definición de los proyectos de la Estrategia Digital (es decir, el Modelo Digital futuro), olvidándose de temas tan relevantes como la definición de los Objetivos clave de negocio, el análisis del Modelo Digital actual o el desarrollo detallado del Modelo financiero que debía soportar la ejecución de la Estrategia Digital (inversiones vs mejora de los resultados de negocio).

En los siguientes apartados, te voy a hablar de la metodología para desarrollar una Estrategia Digital. También resolveremos el reto de Salud Dental Ltd.

utilizando dicha metodología. Verás que el nivel de profundidad obtenido es mucho mayor y, por lo tanto, las garantías de éxito también.

METODOLOGÍA DE DESARROLLO DE LA ESTRATEGIA DIGITAL

En esta apartado vamos a hablar de la metodología *DSB*. Se trata de un enfoque holístico para el desarrollo de la Estrategia Digital, que incluye la ejecución de las siguientes actividades:

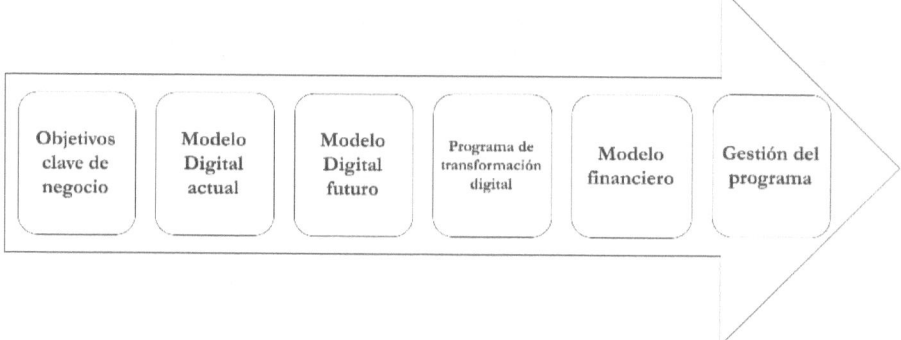

En primer lugar, se debe revisar la Estrategia de Negocio para identificar los objetivos clave de la misma que formarán también parte de la Estrategia Digital (en caso de que no exista dicha Estrategia, es preferible desarrollarla previamente según se describe en otro de mis libros de gestión). Adicionalmente, se identificarán aquellos objetivos de negocio que son nuevos y propios de la Estrategia Digital.

A continuación, se analiza el Modelo Digital actual de la compañía en varios ejes. El eje Mercado (qué está haciendo el mercado, qué están haciendo los competidores y nuestro posicionamiento de marca digital), el eje Tecnológico (cuáles son nuestras capacidades tecnológicas), el eje Funcional (cómo están nuestras funciones de negocio y soporte preparadas para soportar la nueva Estrategia Digital), y el eje Organizativo (cómo están nuestra organización/personas preparadas para soportar la

Estrategia Digital). Se trata de analizar el punto de partida desde el que pretendemos alcanzar los objetivos esperados.

A continuación, se definirá el Modelo Digital futuro que incluirá todos los componentes necesarios para materializar los objetivos de negocio identificados.

Una vez se conoce el Modelo actual y el Modelo futuro/deseado, se define el Programa de Transformación digital que incluye todos los proyectos necesarios para pasar de una situación a la otra.

Una parte importante de la Estrategia Digital es también la definición de los costes y beneficios asociados a su implantación. Esta actividad de la metodología es la construcción del Modelo financiero.

Finalmente, se emplearán técnicas de Gestión del Programa para gestionar el éxito de la Estrategia Digital.

Antes de proceder a explicar y ejemplificar las diferentes partes de la metodología, vamos a ver la diferencia entre la Estrategia Digital y otros procesos de planificación estratégica con los que se suele confundir.

ESTRATEGIA DIGITAL VERSUS ESTRATEGIA DE NEGOCIO

A veces, es necesario definir un concepto definiendo también lo que no es. En ese sentido, es importante destacar que la Estrategia Digital no es lo mismo que la Estrategia de Negocio.

En primer lugar, hablemos de las similitudes.

Ambos procesos de planificación son estratégicos y su plan de acción afecta a todas las áreas de la compañía. Estos son los dos principales puntos en los que se parecen.

Si hablamos de diferencias tendríamos las siguientes.

En primer lugar, la Estrategia Digital tiene que ver con la transformación del negocio utilizando capacidades digitales existentes o nuevas. La Estrategia de Negocio puede utilizar capacidades digitales o no (por ejemplo, acciones de crecimiento inorgánico como veremos más adelante).

Por otro lado, la Estrategia Digital está liderada por el *Chief Digital Officer* o el *Chief Executive Officer* (en cualquier caso, a nivel de Consejo de Dirección). El responsable último de la Estrategia de Negocio es el CEO.

La Estrategia Digital se centra también en alcanzar objetivos de negocio, por ejemplo, objetivos directos de crecimiento en ventas y facturación. Para ello, la Compañía utiliza capacidades digitales existentes o crea nuevas. En el caso de la Estrategia de Negocio, se utilizan estrategias más amplias de crecimiento orgánico (expansión del portafolio de productos y servicios, expansión geográfica) e inorgánico (p.e. fusiones y adquisiciones), que pueden estar soportados o no por capacidades digitales.

Y, finalmente, la Estrategia Digital incluye un análisis detallado de las capacidades en Tecnologías de la Información (TI). En la Estrategia de Negocio, dicho análisis no es necesario.

Veamos un ejemplo. Como parte de la Estrategia de Negocio, me puedo plantear crecer y entrar en el mercado chino mediante la adquisición de una compañía en dicho país (crecimiento inorgánico). Sin embargo, no es objeto de la Estrategia Digital plantearse la compra de una compañía para crecer y/o la expansión geográfica al mercado chino.

Otro ejemplo relacionado con el país oriental. La implantación de un nuevo almacén en China para servir a clientes asiáticos, ¿es una línea de acción de la Estrategia de Negocio o de la Estrategia Digital? Efectivamente, es una línea de acción de la Estrategia de Negocio. Si decidiéramos que dicho almacén debe utilizar capacidades de Inteligencia Artificial para gestionar el inventario en tiempo real, ¿qué tipo de línea de acción sería? Seguro que has sabido responder a esta pregunta, la respuesta es Digital.

La siguiente tabla resume las principales similitudes y diferencias planteadas anteriormente:

Estrategia Digital	Estrategia de Negocio
1. Tiene que ver con la transformación del modelo de negocio utilizando capacidades digitales existentes o nuevas.	1. Tiene que ver con la transformación del modelo de negocio utilizando todas las capacidades de la compañía (digitales o no).
2. Es una iniciativa estratégica.	2. Es una iniciativa estratégica.
3. Está liderada por el CDO (*Chief Digital Officer*) o el CEO (*Chief Executive Officer*). En cualquier caso, a nivel de Consejo de Dirección.	3. El último responsable es el propio CEO.
4. Se centra en alcanzar objetivos de negocio, por ejemplo, objetivos directos de crecimiento en ventas y facturación. Para ello, la compañía utiliza capacidades digitales existentes o crea nuevas.	4. Se centra en alcanzar objetivos de negocio, por ejemplo, objetivos directos de crecimiento en ventas y revenue. Para ello, la compañía utiliza estrategias de crecimiento orgánico (ampliación del portafolio de productos y servicios, expansión geográfica) e inorgánico (p.e. fusiones y adquisiciones).
5. Incluye un análisis detallado de las capacidades de TI	5. No incluye un análisis detallado de las capacidades de TI
6. El plan de acción incluye iniciativas que afectan a todas las áreas de la compañía.	6. El plan de acción incluye iniciativas que afectan a todas las áreas de la compañía.

ESTRATEGIA DIGITAL VERSUS PLAN DE MARKETING DIGITAL

La Estrategia Digital no es lo mismo que el Plan de Marketing Digital. En realidad, presentan diferencias sustanciales que se resumen a continuación.

En primer lugar, la Estrategia Digital tiene que ver con la transformación del negocio utilizando capacidades digitales existentes o nuevas. El Plan de Marketing Digital es una iniciativa operacional que tiene que ver con aumentar el grado de compromiso de los clientes utilizando redes sociales y plataformas Web (de aquí el calificativo de Digital).

Por otro lado, la Estrategia Digital está liderada por el Consejo de Dirección). El Plan de Marketing se lidera por el Departamento de Marketing que, en cualquier caso, puede reportar el "Chief Marketing Officer" (*CMO*).

Adicionalmente, la Estrategia Digital se centra en alcanzar objetivos clave de negocio, usando las capacidades digitales existentes o creando nuevas. En el caso del Plan de Marketing, se centra en alcanzar objetivos de Marketing que, indirectamente, permitan cumplir con los objetivos de negocio.

También cabe considerar que la Estrategia Digital incluye un análisis detallado de las capacidades en TI. En el Plan de Marketing, dicho análisis no es relevante.

Y, finalmente, el plan de acción de la Estrategia Digital afecta a todas las áreas de la compañía. En el Plan de Marketing, afecta principalmente al Departamento de Marketing y a TI (líneas de acción de Marketing en el mundo Digital).

Veamos un ejemplo. ¿Te acuerdas de Salud Dental Ltd., el caso de estudio? Si recuerdas lo que te he explicado, lo que se presentó por primera vez al Consejo era un Plan de Marketing Digital, no una Estrategia Digital. Es decir, el foco principal era mejorar el posicionamiento en redes sociales, en lugar de centrarse en identificar cómo transformar el negocio mediante las capacidades digitales existentes o la creación de nuevas.

Un nuevo ejemplo. El lanzamiento de una campaña en redes sociales sobre un nuevo producto de la compañía, ¿es una línea de acción de la Estrategia Digital o del Plan de Marketing Digital? Está claro, del segundo.

La siguiente tabla resume las principales similitudes y diferencias planteadas anteriormente:

Estrategia Digital	Plan de Marketing Digital
1. Tiene que ver con la transformación del modelo de negocio utilizando capacidades digitales existentes o nuevas.	1. Tiene que ver con aumentar el compromiso del cliente con la compañía.
2. Es una iniciativa estratégica.	2. Es una iniciativa táctica y operacional.
3. Está liderada por el CDO o el CEO (a nivel de Consejo de Dirección).	3. Está liderada por el Departamento de Marketing (*Chief Marketing Officer*).
4. Se centra en alcanzar objetivos de negocio. Para ello, la Compañía utiliza capacidades digitales existentes o crea nuevas.	4. Se centra en alcanzar objetivos de Marketing que, indirectamente, permitan cumplir con los objetivos de negocio. Estos objetivos pueden consistir por ejemplo en aumentar el tráfico a la web mediante SEO o SEM, o conseguir captar oportunidades (emails o números de contacto), entre otros.
5. Incluye un análisis detallado de las capacidades de TI	5. No incluye un análisis detallado de las capacidades de TI
6. El plan de acción incluye iniciativas que afectan a todas las áreas de la compañía.	6. El plan de acción afecta principalmente al Departamento de Marketing y a TI (líneas de acción de Marketing en el mundo Digital).

ESTRATEGIA DIGITAL VERSUS ESTRATEGIA DE TI

Y, finalmente, veamos las diferencias entre la Estrategia Digital y la Estrategia en TI. Aunque ambas son iniciativas estratégicas que incluyen un análisis detallado del Modelo de TI, las diferencias son sustanciales.

En primer lugar, la Estrategia Digital tiene que ver con la transformación del negocio utilizando capacidades digitales existentes o nuevas. La Estrategia de TI persigue la transformación del Modelo de TI para soportar los requerimientos de negocio.

Por otro lado, la Estrategia Digital está liderada por el CEO o el CDO. La Estrategia de TI está liderada por el *Chief Information Officer* o CIO.

Adicionalmente, la Estrategia Digital se centra en alcanzar objetivos clave de negocio, usando las capacidades digitales existentes o creando nuevas. En el caso de la Estrategia de TI, se centra en alcanzar objetivos de TI que, indirectamente, permitan cumplir con los objetivos de negocio. Estos objetivos pueden consistir por ejemplo en garantizar la disponibilidad de los sistemas en un 99%, entre otros.

Un último aspecto relevante que ya he comentado en apartados anteriores: el plan de acción de la Estrategia Digital afecta a todas las áreas de la compañía. En la Estrategia de TI, afecta principalmente al Departamento de TI y a los usuarios finales.

Es decir, como su propio nombre indica, la Estrategia de TI tiene que ver principalmente con la función de TI de la compañía, su situación actual, y su propuesta de evolución para dar respuesta a los requerimientos del negocio.

Veamos un ejemplo. Si nuestra compañía decide

aumentar la capacidad de los servidores del Centro de Proceso de Datos para mejorar el tiempo de respuesta de los usuarios, ¿hablamos de Estrategia Digital o Estrategia de TI? Hablamos principalmente de Estrategia de TI porque el objetivo clave (mejorar el tiempo de respuesta de una aplicación) es de este departamento, no del negocio.

La siguiente tabla resume las principales similitudes y diferencias planteadas anteriormente:

Estrategia Digital	Estrategia de TI
1. Tiene que ver con la transformación del modelo de negocio utilizando capacidades digitales existentes o nuevas.	1. Tiene que ver con la transformación del Modelo de TI para soportar los requerimientos de negocio.
2. Es una iniciativa estratégica.	2. Es una iniciativa estratégica (aunque no afecta directamente al negocio).
3. Está liderada por el CDO o el CEO.	3. Está liderada por el CIO.
4. Se centra en alcanzar objetivos de negocio. Para ello, la Compañía utiliza capacidades digitales existentes o crea nuevas.	4. Se centra en alcanzar objetivos de TI que, indirectamente, permitan cumplir con los objetivos de negocio.
5. Incluye un análisis detallado de las capacidades de TI	5. Incluye un análisis detallado de las capacidades de TI
6. El plan de acción incluye iniciativas que afectan a todas las áreas de la compañía.	6. El plan de acción afecta principalmente al Departamento de TI.

Bien, hasta aquí hemos visto la diferencia entre los conceptos de Estrategia Digital, Estrategia de Negocio, Plan de Marketing Digital y Estrategia de TI. Es importante que manejes estos conceptos con rigor, porque la mejor forma de tener éxito en la definición de tu Estrategia Digital es mantener el foco en aquello que es realmente importante, evitando desarrollar otras áreas que están fuera de su alcance.

OBJETIVOS CLAVE DE NEGOCIO

En este apartado, vamos a desarrollar en detalle la primera actividad de la Estrategia Digital: definir los objetivos clave de negocio que perseguimos alcanzar con la implantación de dicha Estrategia. Dichos objetivos constituyen un número reducido de metas a medio-largo plazo que atienden a diferentes perspectivas:

—Financiera: objetivos de crecimiento (por ejemplo, aumentar la rentabilidad hasta un EBITDA de 12% sobre ventas).

—Cliente: nivel de impacto y relevancia sobre nuestros clientes finales (por ejemplo, aumentar la cuota de mercado de 20.000 a 25.000 clientes).

—Interna: eficiencia y eficacia en las operaciones internas (por ejemplo, reducir los costes anuales de aprovisionamiento en un 4%).

—Talento: nivel de éxito en la gestión de las personas y los equipos de trabajo (por ejemplo, mejorar el índice de satisfacción de los empleados hasta un 95%).

Lo primero que nos podemos preguntar es: ¿por qué debemos empezar la Estrategia Digital con esta actividad? La respuesta es sencilla: porque las líneas de acción de dicha Estrategia deben estar completamente orientadas a alcanzar dichos objetivos.

En el caso de estudio de Salud Dental Ltd. quedaba claro el alineamiento de la Estrategia Digital definida con los objetivos clave de negocio. Sin embargo, dicha Estrategia se centraba en los objetivos financieros ("volver a crecer"), olvidándose de los demás.

Por lo tanto, el desarrollo de la actividad de definición de los Objetivos clave de negocio incluye las siguientes actividades.

En primer lugar, revisaremos todos los documentos relevantes de la Estrategia de Negocio de la compañía.

Después, entrevistaremos a los ejecutivos clave para comprender mejor dicha Estrategia e introducir posibles nuevos objetivos de la Estrategia Digital que no habían sido contemplados en la de Negocio.

A continuación, sumarizaremos los Objetivos clave de negocio. La Estrategia Digital debe regirse por dichos objetivos, que se clasificarán de acuerdo con las diferentes perspectivas de las que te he hablado anteriormente (Financiera, Clientes, Interno o Talento).

Una vez identificados los Objetivos clave de negocio para la Estrategia Digital, basados parcial o totalmente en los de la Estrategia de Negocio, deben establecerse los llamados KPIs (siglas de *Key Performance Indicators* en inglés, o Indicadores Clave de Rendimiento).

Los KPIs son métricas que se van a utilizar para medir el éxito de la implantación de la Estrategia Digital. En el caso de Salud Dental Ltd., un ejemplo de KPI sería el porcentaje de crecimiento de las ventas.

A continuación, documentaremos los resultados del análisis y entrevistas realizadas, y sumarizaremos los Objetivos clave de negocio, indicando si son específicos o no de la Estrategia Digital, mediante el uso de la siguiente tabla:

Perspectiva	Objetivo Clave de negocio	Propio de la Estrategia Digital (Sí/No)	KPI y Umbral
Financiera	…..	S/N	…..
Cliente	…..	….	…..
Interna	…..		…..
Talento	…		…..

A continuación, te muestro ejemplos de Objetivos clave

de negocio de una Estrategia Digital real:

Perspectiva	Objetivo Clave de negocio	Propio de la Estrategia Digital (Sí/No)	KPI y Umbral
Financiera	Crecimiento de la facturación	No	40 millones de dórales (doble del actual)
	Incrementar la rentabilidad	No	EBITDA: 20% sobre ventas
	Incrementar las ventas en comercio electrónico	Sí	Duplicar en cinco años
Cliente	Adquirir nuevos clientes en tienda online	Sí	+100,000 en dos años
	Incrementar el nivel de satisfacción de los clientes	No	Nivel de satisfacción medio de los clientes: >=9.0
Interna	Reducir los costes de aprovisionamiento	No	Costes de compra: Reducción del 1.2% anual
Talento	Mejorar el nivel de satisfacción del empleado	No	Nivel de satisfacción del empleado: >=9.5
	Atraer expertos en Comercio Electrónico	Sí	100 nuevos programadores en tres años

Como puedes observar en la tabla, tenemos en primer lugar los diferentes Objetivos clave de negocio de la compañía, segmentados en las diferentes perspectivas que te he explicado anteriormente. También indicamos si el objetivo pertenece exclusivamente a la Estrategia Digital (por ejemplo, "adquirir nuevos clientes en tienda online") o no, y los KPIs para medir el nivel de cumplimiento de dicho objetivo.

En el siguiente apartado, vamos a analizar la Estrategia de Negocio de una compañía de productos deportivos como forma de determinar los objetivos clave en los que se basa su Estrategia Digital.

DEFINICIÓN DE OBJETIVOS CLAVE DE NEGOCIO. CASO DE ESTUDIO: EMPRESA DE DEPORTES

De acuerdo con Wikipedia, "Nike (NKE) es uno de los mayores proveedores de calzado y ropa deportiva del mundo y uno de los principales fabricantes de equipamiento deportivo, con ingresos superiores a los 30.000 millones de dólares en su ejercicio fiscal 2015".

A lo largo del libro vamos a tomar esta compañía como uno de los casos de estudio sobre los que trabajar la Estrategia Digital. Para ello, vamos a analizar en primer lugar sus Objetivos clave de negocio a partir de información pública existente.

Dicha documentación menciona, en general, varios objetivos financieros como el crecimiento de un dígito de los ingresos y los EPS (beneficios por acción).

También destaca la importancia que la tecnología y los servicios digitales tienen para la Compañía como elementos clave para alcanzar los objetivos de crecimiento.

Es decir, se podrían fijar a título de ejemplo los siguientes Objetivos clave en la Estrategia de Negocio de la compañía (tabla construida según el método que te he explicado en el apartado anterior):

Perspectiva	Objetivo clave de negocio	Propio de la Estrategia Digital Sí/No)	KPI y Umbral
Financiera	Crecimiento de un dígito	No	Crecimiento anual de, por ejemplo, el 9%
Cliente	Diseñar e implementar nuevos servicios digitales para motivar a los clientes y conectarlos entre sí.	Sí	Número de clientes conectados (por ejemplo superior a 1,000,0000 en dos años)

MODELO DIGITAL ACTUAL

Pasemos ahora a la siguiente actividad de *DSB*. De acuerdo con esta metodología, una vez definidos los Objetivos Clave de negocio de la Estrategia Digital, se debe analizar el Modelo Digital actual de la compañía en varios ejes:

—Eje mercado: ¿qué demanda el mercado? ¿Cómo se percibe nuestra marca digital? ¿Qué están haciendo los competidores en el mundo digital? Esta parte del análisis se puede basar también en información de la Estrategia de Negocio.

—Eje tecnológico: ¿cuáles son las capacidades existentes en TI para dar cobertura a los requerimientos de la Estrategia Digital? ¿Cuál es su nivel de madurez? Esta parte del análisis se puede basar en información de la Estrategia de TI.

—Eje funcional: ¿cómo están nuestras funciones de negocio y soporte preparadas para soportar los requerimientos de la nueva Estrategia Digital?

—Eje organizativo: ¿cuál es el nivel de preparación de la organización/personas para soportar/liderar la Estrategia Digital?

Se trata de conocer el punto del que partimos, y sobre el que deberemos trabajar para alcanzar los objetivos planteados.

Empecemos por el eje de Mercado. Para poder definir la Estrategia Digital, es necesario comprender el mercado en el que operamos, respondiendo a las siguientes 10 preguntas clave:

1. ¿Cuál es la naturaleza del mercado en el que operamos?
2. ¿Cuál es el tamaño potencial de mercado?

3. ¿Cuál es nuestra cuota de mercado ("market share")?

4. ¿Quiénes son nuestros clientes hoy y qué compran?

5. ¿Cuáles son nuestros productos o servicios principales?

6. ¿Cuál es nuestra posición en relación con la competencia?

7. ¿Cuál es la percepción del Cliente con respecto a nuestra marca digital?

8. ¿Qué están haciendo nuestros competidores en el mundo digital?

9. ¿Qué quieren los clientes? ¿Qué quieren en el mundo digital?

10. ¿Dichas necesidades abren nuevas oportunidades de negocio?

Para poder responder a las preguntas formuladas anteriormente, se deben desarrollar las siguientes actividades.

Primero, realizaremos un análisis de las fuentes primarias de información, es decir, nuestro propio conocimiento del mercado, el de los expertos de nuestra compañía y el de nuestros clientes. En este último caso, pregúntales aquello que quieres conocer como resultado del Análisis de mercado. Por ejemplo, ¿cuál es su agenda digital? ¿Cuáles son sus principales retos? ¿Qué esperan de vuestra compañía? Focalízate en sus retos. Puedes recopilar dicha información utilizando encuestas, observación directa o entrevistas. En general, lo mejor es utilizar entrevistas presenciales.

Una vez tengas tu propio punto de vista y el del cliente, empieza a revisar otras fuentes de información (las llamadas fuentes secundarias). Es decir, bases de datos, publicaciones especializadas y contenidos sobre el mercado. Internet es una gran fuente de información secundaria. Aprende todo lo que puedas sobre la evolución del mercado en los últimos años. Esa información te permitirá predecir el comportamiento de los clientes a medio-largo plazo en el mundo digital. En algunos casos, será necesario también comprar informes de mercado a compañías de investigación.

¿Te atreverías a realizar un análisis del eje de Mercado para tu compañía?

Continuemos con el eje de TI. Es imprescindible conocer el posicionamiento en TI de la Compañía para definir la Estrategia Digital adecuada. Se trata, en definitiva, de responder a la pregunta: ¿cómo están nuestras capacidades en TI preparadas para soportar los requerimientos de la nueva Estrategia Digital?

Para ello, se realizará un análisis de situación de las siguientes capacidades de la compañía desde un punto de vista tecnológico (las capacidades a analizar se pueden reducir o expandir en función de las posibles áreas de actuación de la compañía):

—Presencia Web
—Presencia en redes sociales
—Plataforma de correo electrónico
—Aplicaciones móviles
—"Big data": análisis y procesado de fuentes de información estructuradas y no estructuradas de gran tamaño.
—Inteligencia artificial: cualquier solución capaz de realizar funciones cognitivas que antes solo podía realizar el ser humano.
—Robótica: ejecución automática de flujos de trabajo por robots.
—"Cloud": modelo en pago por uso que permite acceso en red y bajo demanda a un conjunto compartido y configurable de recursos de computación.
—"Internet of Things": interconexión de dispositivos

físicos.

—"Wearables": conjunto de dispositivos que se incorporan en alguna parte de nuestro cuerpo interactuando de forma continua con el usuario y con otros dispositivos con la finalidad de realizar alguna función concreta (p.e. relojes inteligentes, zapatillas de deportes con GPS, etc.)

—Otras capacidades tecnológicas como "Edge Computing", 5G, realidad virtual, etc.

Cada año, Forbes (http://forbes.com) junto con analistas tecnológicos de la máxima relevancia, presenta la lista de tendencias tecnológicas más relevantes previstas para ese año. Es importante, que antes de desarrollar la Estrategia Digital, revises dicha información para aprovechar al máximo las posibilidades que ofrecen las nuevas tecnologías para la definición de una Estrategia Digital eficiente.

Las diferentes capacidades presentadas se valorarán en función de su nivel de adecuación técnica. Para ello, se puntuará de 0 a 10 el nivel de cumplimiento de los siguientes requerimientos técnicos.

En primer lugar, la Fiabilidad, es decir, la estabilidad de la solución tecnológica con respecto a la facilidad de acceso por parte de los usuarios.

A continuación, puntuaremos la Facilidad de Mantenimiento, es decir, la facilidad para mantener y soportar la solución.

Luego la Operatividad, es decir la facilidad de administración de la solución por parte de los técnicos.

A continuación, valoraremos la Usabilidad, es decir, la facilidad de uso de la solución.

Después la Seguridad, es decir, la garantía de confidencialidad, disponibilidad, integridad y autenticidad de la solución y la información que gestiona.

Luego, mediremos el Rendimiento, es decir, el valor entregado por la capacidad tecnológica a los usuarios finales.

A continuación, se valorará la Disponibilidad (grado de continuidad de la solución en el tiempo), la Escalabilidad (capacidad de ampliar la solución a nuevos usuarios rápidamente y de forma efectiva), la Flexibilidad (capacidad para cubrir nuevos requerimientos del negocio) y la Calidad de la Información (capacidad para ofrecer datos de valor al negocio).

En función del análisis realizado, se clasificarán las capacidades de TI de acuerdo con el siguiente esquema:

Tipo	Criterio	Valor
Ausente	Valoración media (suma de puntuación por criterio/número de criterios) < 5 puntos (la fórmula de puntuación puede variar en función de criterios de negocio)	No cumple con los requerimientos actuales del negocio.
Exploratorio	Valoración media >=5 < 6	No cumple con algunos requerimientos actuales del negocio. Dificultad para cumplir con nuevos requerimientos de negocio.
Preparado	Valoración media >=6 < 7	Cumple con la mayor parte de los requerimientos actuales del negocio. Requiere adaptaciones importantes para cumplir con nuevos requerimientos de negocio.
Conectado	Valoración media >=7 < 9	Cumple con todos los requerimientos actuales del negocio. Requiere adaptaciones sencillas para cumplir con nuevos requerimientos de negocio.
Transformado	Valoración media >=9 < 10	Cumple con los requerimientos actuales y futuros del negocio. Puede dar respuesta a requerimientos de negocio disruptivos de forma rápida y efectiva

Piensa en tu compañía actual, ¿cuál crees que es su nivel de madurez en relación con el eje de TI?

Pasemos ahora al eje Funcional. Es imprescindible conocer la situación de las funciones y procesos de negocio de la compañía para definir la Estrategia Digital adecuada. Se trata, en definitiva, de responder a la pregunta: ¿cómo están nuestras funciones de negocio y soporte preparadas para soportar los requerimientos de la nueva Estrategia Digital?

Para ello, se realizará un análisis de alto nivel de las capacidades en las diferentes áreas funcionales de la compañía que se pueden ver afectadas por la Estrategia Digital:

—Producción.
—Aprovisionamiento y Logística
—Marketing.
—Ventas.
—Administración
—Recursos humanos.
—Contabilidad y finanzas.

Cabe destacar que las áreas de análisis pueden variar en función del tipo de Compañía. Para cada área funcional, se detallarán las capacidades existentes incluyendo la siguiente información:

Área	Nombre de la capacidad	Breve descripción	Impacto y Oportunidades de mejora
Las enumeradas anteriormente	Nombre	Breve descripción de la capacidad	Impacto de la Estrategia Digital y oportunidades de mejora de la capacidad
...	...	...	...

El objetivo de esta parte del análisis es entender el nivel de alineamiento y reusabilidad de las capacidades existentes, en relación con la nueva Estrategia Digital. Piensa en tu compañía actual, ¿cuál crees que es su nivel de madurez en relación con el eje funcional?

Continuemos con el eje Organizativo. Es imprescindible conocer la situación actual de la organización de la compañía para definir la Estrategia Digital adecuada. Se trata, en definitiva, de responder a la pregunta: ¿cuál es el nivel de preparación de la organización/personas para soportar/liderar la Estrategia Digital?

Para ello, se realizará un análisis de alto nivel y se clasificará el nivel de madurez organizativa de la compañía en base a los siguientes escenarios.

En primer lugar, compañías cuyo nivel es Ausente (se utilizará la misma nomenclatura que para valorar la situación actual en el eje Tecnológico). Son compañías que no están preparadas para soportar la implantación de una Estrategia Digital. Por lo tanto, antes de desarrollarla, es necesario implantar una serie de medidas organizativas. Estas compañías se caracterizan por:

—Personal sin experiencia y/o no formado en el uso de plataformas o canales digitales.

—Sin uso interno de redes sociales y/o plataformas web.

—Ninguna persona participando en proyectos de Transformación Digital.

—No hay interés de la organización en proyectos de Digital.

—Hay una fuerte resistencia al cambio.

—Los ejecutivos no apoyan la implantación de la Estrategia Digital.

A continuación, tenemos las compañías en nivel Exploratorio que se caracterizan por:

—Parte del personal está formado en el uso de plataformas o canales digitales.

—Limitado uso interno de redes sociales y/o plataformas web.

—Número reducido de personas participando en proyectos de Transformación Digital.

—Cierto interés de la organización en proyectos de Digital.

—Existen estrategias para la gestión del cambio.

—Los ejecutivos están explorando el impacto potencial de la innovación y las nuevas tecnologías sobre el negocio.

Después, tenemos las compañías en nivel Preparado, donde los ejecutivos deben conocer y liderar el cambio asociado al diseño e implantación de la Estrategia Digital.

—Existe un plan de formación específico en Transformación Digital. La mayor parte del personal se ha formado de acuerdo a dicho Plan.

—Hay una cierta presencia en redes sociales y/o plataformas web. Sin embargo, el aprovechamiento por parte del negocio es marginal.

—Número reducido de personas participando en proyectos de Transformación Digital.

—El concepto de Digital está integrado en las estructuras organizativas. Hay interés real de la organización por la Transformación Digital.

—Existe un plan claro para la gestión del cambio asociado a la implantación de una Estrategia Digital.

—Los ejecutivos empiezan a comprender la propuesta de valor de la Estrategia Digital para el negocio.

Después, tenemos las compañías en nivel Conectado, donde existe una Estrategia Digital en curso que se actualizará como parte del proceso. La compañía tiene una gran capacidad de transformación para soportar ideas digitales disruptivas en el medio-largo plazo:

—La formación del personal se focaliza en gestionar las necesidades digitales internas y externas.

—La presencia en redes sociales y/o plataformas web forma parte de la Estrategia Digital.

—Recursos Humanos gestiona proactivamente la disponibilidad de personas formadas en Estrategia y Transformación Digital.

—Hay un fuerte interés de la organización por la Transformación Digital.

—El plan de gestión del cambio asociado a la implantación de una Estrategia Digital está definido e implantado.

—Todos los ejecutivos están alineados con la Estrategia Digital y son impulsores del cambio.

Y, finalmente, tenemos las organizaciones en un nivel Transformado, donde existe también una Estrategia Digital en curso que se actualizará como parte del proceso. Sin embargo, dichas compañías tienen una capacidad de transformación mayor para soportar ideas digitales disruptivas en el corto plazo:

—La cultura digital forma parte de la cultura corporativa a todos los niveles.

—Gestión proactiva de los clientes en redes sociales y/o plataformas web como parte de la Estrategia Digital.

—Se dispone de un gran número de recursos capaces de anticipar necesidades relacionadas con la Estrategia y Transformación Digital.

—La organización explora proactivamente formas de alcanzar los objetivos de negocio mediante la Transformación Digital.

—Existe un plan a largo plazo para la gestión del cambio asociado a la implantación de la Estrategia Digital.

—Todos los ejecutivos están alineados con la Estrategia Digital y son impulsores del cambio.

Como puedes ver, el análisis del eje organizativo da lugar a una clasificación del nivel de madurez de la compañía que puede tener cinco valores: Ausente, Exploratorio, Preparado, Conectado o Transformado. Piensa en tu compañía actual, ¿cuál crees que es su nivel de madurez en relación con el eje organizativo?

A continuación, vamos a aplicar todo lo que te he explicado para desarrollar el Modelo Actual digital de una compañía que vende bienes de lujo.

MODELO DIGITAL ACTUAL. CASO DE ESTUDIO: EMPRESA DE BIENES DE LUJO

En este apartado vamos a revisar un ejemplo de las conclusiones de un análisis de Modelo Digital actual en base a la metodología presentada.

Se trata de una compañía ficticia de Productos de Lujo. Empecemos respondiendo a las 10 preguntas del eje mercado.

La primera es, ¿cuál es la naturaleza del mercado en el que operamos?

Acudamos a fuentes secundarias de información. De acuerdo con datos de analistas del mercado de Bienes de lujo (productos que no son esenciales para sobrevivir, pero que hacen la vida más agradable al consumidor), se podría decir que:

—La demanda de bienes de lujo está aumentando debido al aumento de la renta disponible.

—Se espera que el sector mundial de bienes de lujo crezca más lentamente en los próximos años, a un ritmo que muchos pueden considerar decepcionante.

—El sector de los bienes de lujo ha entrado en una nueva etapa que debería caracterizarse por la digitalización y una evolución del comportamiento de compra de los consumidores.

Pasemos a la segunda pregunta: ¿cuál es el tamaño potencial de mercado? Aquí no tendremos más remedio que recopilar y ofrecer numerosos datos financieros que podrían ser parecidos a los siguientes:

—Las ventas totales de los top 100 serán de X billones de dólares dentro de dos años.

—La concentración de ventas en los Top 10 será del X%.

—La rentabilidad media será del Y%.

—El mercado crecerá alrededor del Z1-Z2% anual en los próximos 3 años, colocándose en los X billones de dólares dentro de cinco años.

—Esperamos incrementar nuestra facturación en un X% anual en los próximos cinco años.

—El comercio electrónico es un factor de crecimiento importante. Por lo tanto, esperamos facturar más de X millones de dólares por este canal dentro de cinco años.

Pasemos a la pregunta tercera: ¿cuál es nuestra cuota de mercado ("market share")? Nuestra cuota actual es del X% (la cuota de Mercado es el porcentaje sobre el total de mercado que tiene mi empresa).

Veamos ahora la pregunta número cuatro: ¿quiénes son nuestros clientes hoy y qué compran? La respuesta sería viajeros internacionales, potencialmente muy activos en Internet.

Y, con respecto a la pregunta número cinco: ¿cuáles son nuestros productos principales? La respuesta es joyería, que significa el X% de nuestras ventas.

Reflexionemos también sobre nuestros competidores (pregunta número seis, ¿cuál es nuestra posición en relación con la competencia?). Casi todos nuestros competidores tienen presencia digital. Sin embargo, sus enfoques y estrategias son diferentes: el X% consideran Internet únicamente como un canal de comunicación (nivel que podría considerarse Exploratorio), mientras que el Y% presentan una estrategia digital consistente (verdaderos competidores digitales, organizaciones Conectadas y Transformadas).

La pregunta número siete (¿cuál es la percepción del Cliente con respecto a nuestra marca digital?) se podría responder en función de nuestro nivel de madurez organizativa (está muy relacionado). Como verás posteriormente, la compañía tiene un nivel Exploratorio, y, por lo tanto, la percepción del cliente es que nuestra marca digital no es sólida.

En relación con la pregunta número ocho (¿qué están haciendo nuestros competidores en el mundo digital?) destacaríamos las organizaciones Conectadas y Transformadas que cuentan con potentes plataformas de comercio electrónico, y fuerte presencia en redes sociales.

Con respecto a la pregunta novena del análisis del eje mercado (¿qué quieren los clientes? ¿Qué quieren en el mundo digital?), se podría decir que los clientes buscan lo siguiente:

—Usabilidad de los sistemas.

—Experiencias similares independientemente del canal.

—Opciones y capacidades avanzadas para comparar productos en línea.

—Funcionalidades de configuración de producto en plataformas de comercio electrónico.

—Potentes sistemas de ayuda a la compra.

Y, finalmente, llegamos a la pregunta más importante: ¿dichas necesidades abren nuevas oportunidades de negocio? De acuerdo con la opinión de analistas de mercado, la respuesta es Sí. La Transformación digital es un nuevo paradigma en la búsqueda de relaciones con los clientes del sector de bienes de lujo. Ofrece nuevas oportunidades para reducir sustancialmente los costes de operación (piensa en el comercio electrónico), aumentar ventas y fidelizar a los clientes (con, por ejemplo, experiencias de compra multicanal).

Pasemos ahora al análisis del eje de TI, en concreto de la adecuación técnica de las capacidades tecnológicas. En el caso de estudio, vamos a trabajar únicamente con una de dichas capacidades, en concreto la Plataforma móvil (recuerda que este análisis se debería repetir para todas las capacidades tecnológicas de la compañía que te he explicado anteriormente).

Un ejemplo de conclusiones del análisis tecnológico de dicha plataforma podría ser el siguiente: "Nuestra Plataforma móvil tiene un nivel de adecuación Ausente para soportar los requerimientos de la Estrategia Digital. En concreto, su nivel de adecuación técnica es inferior a 5 (únicamente su Usabilidad y Disponibilidad son superiores a este valor)".

La siguiente tabla representa un ejemplo de resultados del análisis del eje tecnológico realizado:

Capacidad Tecnológica: Plataforma Móvil	
Característica técnica	**Valoración**
Fiabilidad	4
Facilidad de Mantenimiento	4
Operatividad	2
Usabilidad	6
Seguridad	3
Rendimiento	4
Disponibilidad	7
Escalabilidad	4
Flexibilidad	4
Calidad de la Información	2
Valoración media	4 (**Ausente**, No cumple con los requerimientos actuales del negocio)

Estos resultados significan que, desde un punto de vista tecnológico, la Plataforma móvil tendrá dificultades para soportar los requerimientos de la Estrategia Digital. Esto debe tenerse muy en cuenta, especialmente si el Modelo Digital futuro debe estar soportado por esta capacidad.

Pasemos ahora al eje funcional. La siguiente tabla refleja un ejemplo de valoración de la lista de capacidades existentes por área funcional:

Área	Nombre de la capacidad	Breve descripción	Impacto y Oportunidades de mejora
Logística y Ventas	Boutique electrónica	Capacidades logísticas y de venta online (para entrega de productos 24*7)	Necesidad de potenciar dichas capacidades para dar respuesta a los requerimientos futuros de la Estrategia Digital
Marketing	Plataforma de redes sociales	Capacidades de marketing digital	Necesidad de combinar campañas de marketing online y offline, favoreciendo el análisis global del cliente en cualquier experiencia de compra

Como puedes apreciar en la tabla, el análisis del eje funcional nos permite identificar oportunidades que se deben materializar como resultado de la Estrategia Digital.

Y, finalmente, el análisis del eje organizativo. El resultado del análisis realizado muestra que nuestra compañía tiene un nivel de madurez "Exploratorio" porque hay un uso limitado de las redes sociales, cierto interés de la organización en proyectos de Digital, existen planes para la gestión del cambio y los ejecutivos están explorando el impacto potencial de las nuevas tecnologías sobre el negocio.

Es decir, a modo de resumen podríamos decir que la Transformación Digital ofrece nuevas oportunidades para la optimización de costes y el crecimiento en el mercado de los productos de lujo, nuestra compañía tiene un nivel de adecuación tecnológica Ausente, existen oportunidades de mejora claras en las áreas funcionales (especialmente en Marketing y Ventas) y, a nivel organizativo, la compañía tiene un nivel de madurez "Exploratorio". La pregunta sería, ¿es adecuado desarrollar la Estrategia Digital para esta organización? La respuesta es Sí. No obstante, debemos tener en cuenta durante la definición del Modelo Futuro digital que el punto de partida no es el óptimo para definir un nivel de transformación demasiado elevado o disruptivo.

En el apartado anterior, te he pedido que reflexiones sobre los ejes de análisis de tu compañía. Ha llegado el momento de que consolides los análisis realizados de forma que puedas obtener el Modelo Digital actual de tu empresa, basándote en este ejemplo y todo lo que te he explicado.

MODELO DIGITAL FUTURO

Una vez identificados los Objetivos clave de negocio y la situación de partida, se deben desarrollar sesiones colaborativas de trabajo para definir el Modelo Digital futuro necesario para cumplir con dichos objetivos. Dichas sesiones deben incluir representantes de TI y del negocio. A través de las mismas, seremos capaces de identificar los diferentes componentes del Modelo Digital futuro.

Para representar dicho Modelo pueden utilizarse diferentes técnicas (lo verás en el ejemplo del siguiente apartado) pero, en cualquier caso, debe tener el suficiente nivel de detalle para:

—Identificar el valor que se derivará del Modelo Digital futuro.

—Comunicar claramente a las partes interesadas (stakeholders) la visión del nuevo Modelo.

—Guiar a los equipos en la selección, desarrollo e implantación de las capacidades necesarias para conseguir los objetivos clave de negocio.

—Prepararse para la gestión e implantación de los diferentes proyectos que compondrán el Programa de Transformación Digital.

—Dinamizar la gestión del cambio necesaria para implantar la nueva Estrategia Digital.

Vamos a ver un ejemplo de Modelo Futuro digital. Para ello, vamos a seguir con el caso de estudio de Nike. A lo largo de estos años, la Compañía ha ejecutado su Programa de Transformación Digital para cumplir con sus objetivos de negocio. Entre las iniciativas que los consumidores hemos podido visualizar, y que integran su Modelo futuro digital, se encuentran las siguientes:

1. Desarrollar soluciones digitales dedicadas a deportes

específicos (por ejemplo, para corredores).

2. Implementar capacidades en redes sociales que permita a los consumidores interactuar con el producto, por ejemplo compartiendo diseños y proporcionando a la Compañía datos masivos sobre los usuarios.

3. Ofrecer capacidades masivas de personalización de productos (por ejemplo, zapatillas de deporte personalizadas).

4. Moverse de un diseño basado en papel a uno completamente digital.

5. Crear una nueva división de Digital (como te he explicado anteriormente).

Un ejemplo de conexión entre clientes es el concepto de Nike+. Tal y como te he explicado anteriormente, no existe un formato específico para documentar el Modelo Futuro digital. En general, se recomienda utilizar un Modelo Conceptual que represente adecuadamente cada uno de los componentes identificados y que permita entender claramente la evolución necesaria desde la situación actual analizada en la anterior actividad de la metodología DSB.

En ese sentido, el caso concreto de Nike+ se podría presentar simplemente de la siguiente forma:

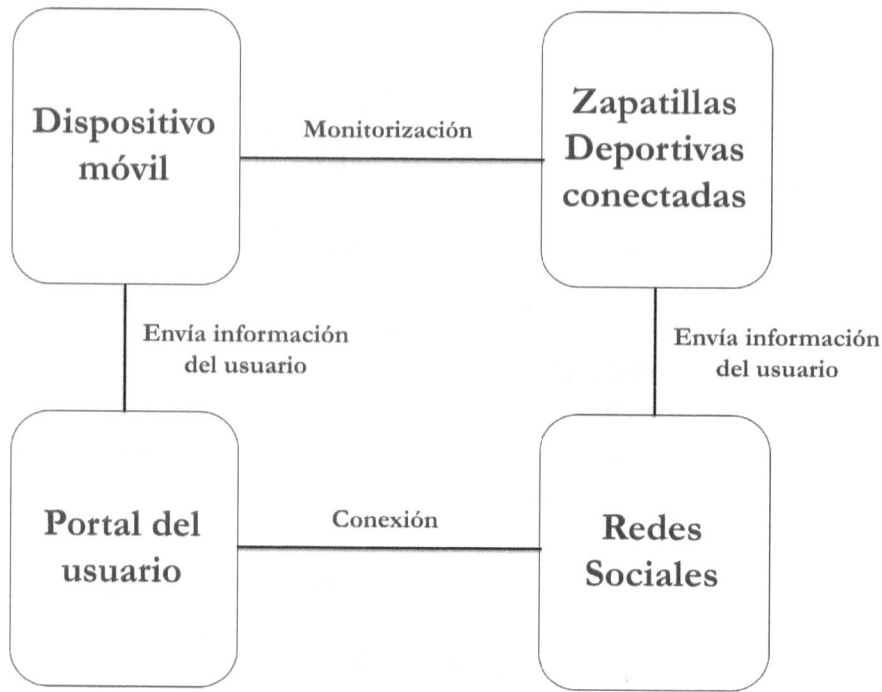

Observando el dibujo se aprecia claramente qué queremos conseguir en el futuro y que nuevas capacidades digitales vamos a necesitar frente a las que se tienen actualmente (por ejemplo una "zapatilla de deporte conectada", un "portal", etc.).

Es decir, una vez se ha revisado el Modelo Digital actual y definido el futuro, el equipo de trabajo de la Estrategia Digital identificará las diferencias entre ambos y cuantificará el nivel de evolución necesario. Para cubrir dicha evolución, se creará el Programa de Transformación digital que englobará todos los proyectos necesarios para implantar el Modelo Digital futuro.

En este ejemplo, tal y como se ha expuesto en apartados anteriores, se puede apreciar también por qué la Estrategia Digital no trata exclusivamente de implantar una página web o una App. Es mucho más que eso. Se trata de transformar el negocio, creando complejas plataformas para conectar con los consumidores, unidades específicas dentro de la organización para soportar el plan de transformación digital, etc.

PROGRAMA DE TRANSFORMACIÓN DIGITAL

Tal y como se ha visto en apartados anteriores, la evolución del Modelo Digital actual al Futuro requerirá de la ejecución de un número considerable de iniciativas. Por ejemplo, la implantación de una solución funcional y técnicamente compleja, la creación de una nueva unidad organizativa, la dotación de nuevas capacidades en logística, etc.

Todas estas iniciativas tendrán, en general, características comunes.

En primer lugar, todas ellas emanarán de la Estrategia Digital.

Por otro lado, tendrán una aportación directa en la consecución de los Objetivos clave de negocio identificados.

También serán transversales (es decir, afectarán a la organización, los procesos, TI y la infraestructura física de la compañía) y generarán unos productos tangibles y concretos.

Finalmente, dichas iniciativas tendrán acotadas sus fechas de inicio y fin.

Por lo tanto, todas estas líneas de actuación se pueden considerar Proyectos, en el sentido de que son un conjunto de actividades que persiguen un objetivo común que está alineado con los objetivos clave de la Estrategia Digital (según J.M. Juran, uno de los principales expertos del siglo pasado en Gestión de Calidad, un proyecto es también "un problema en espera de una solución").

En general, la ejecución en paralelo de un gran número de proyectos como los que conforman una Estrategia Digital, presenta la siguiente problemática:

—Existencia de dependencias entre proyectos que

dificulta alcanzar los objetivos globales.

—Desviaciones generadas por una falta de gestión del alcance de los proyectos con una perspectiva global.

—Falta de homogeneidad entre los productos generados por los diferentes proyectos que produce dificultades para su integración.

—Dificultad para gestionar la calidad de todos los proyectos en su conjunto.

—Complejidad para gestionar las expectativas de los usuarios y los equipos de trabajo.

Para minimizar la problemática asociada con la gestión de los proyectos que conforman la Estrategia Digital, se crea el concepto de Programa, en este caso, un Programa de Transformación Digital. Dicho Programa engloba todos los proyectos necesarios para alcanzar el Modelo Digital futuro.

Es decir, a modo de resumen podríamos decir que en la parte inicial de la Estrategia Digital se identifican los Objetivos clave de negocio que debemos cumplir.

Para cumplir con dichos objetivos se diseña un Modelo futuro digital.

Para alcanzar dicho modelo, partiendo del actual que también hemos analizado, es necesario ejecutar diferentes proyectos que conforman el Programa de Transformación Digital.

Y, finalmente, el éxito de dicho Programa se mide por el cumplimiento de los KPIs definidos para los objetivos.

Pero, la pregunta que nos debemos hacer ahora es: ¿cómo se construye el Programa de Transformación Digital?

Para la construcción del programa de Transformación Digital se seguirá un proceso estrictamente definido en la metodología *DSB*.

En primer lugar, se identifica el programa con su

nombre y descripción.

A continuación, se identifican todos los proyectos que conforman el programa. En este punto, se debe aplicar un proceso iterativo para identificar inequívocamente qué debe ser considerado un proyecto del programa y qué no. En principio, debemos considerar proyecto aquellas iniciativas que se caracterizan por todo lo que te he explicado al inicio de este capítulo. Además, debemos considerar prioritariamente aquellas iniciativas que tienen un impacto financiero u operacional y permiten cumplir con uno o todos los objetivos clave identificados como parte de la Estrategia Digital. Una vez tenemos una primera relación de posibles proyectos priorizados, la refinaremos con las personas clave de la Compañía hasta obtener la lista final.

Una vez se tiene la lista de proyectos que componen el programa, se debe proceder a la definición de cada uno de ellos. Para ello, para cada proyecto identificado, se debe incluir la siguiente información:

—Nombre del proyecto.

—Descripción: breve descripción del proyecto.

—Objetivos clave de negocio sobre los que impacta el proyecto (debemos asegurar que el programa impacta sobre todos los objetivos identificados en la primera etapa de la metodología).

—KPIs impactados (debemos asegurar que el programa impacta sobre todos los KPIs definidos).

—Alcance del proyecto en el eje Tecnológico: capacidades TI del Modelo Digital actual que se van a utilizar y nivel de evolución de las mismas con el proyecto.

—Alcance del proyecto en el eje Funcional: capacidades funcionales identificadas en el Modelo Digital actual que se van a utilizar y nivel de evolución de las mismas con el proyecto.

—Alcance del proyecto en el eje Organizativo: impacto

del proyecto sobre el nivel de madurez organizativo identificado en el Modelo actual.

—Datos del sponsor interno del proyecto.

—Costes del proyecto, que formarán parte del Modelo financiero descrito en el siguiente apartado. Ejemplos de costes son: tecnología (hardware y software), servicios de implantación, etc.

—Beneficios del proyecto, que formarán parte del Modelo financiero descrito en el siguiente apartado. Dichos beneficios pueden ser cualitativos (p.e. mejora del reconocimiento de marca) o cuantitativos (p.e. incremento de ventas), y, lógicamente, deben estar alineados con los Objetivos clave de negocio.

—Calendario del proyecto: con las actividades y plazos asociados a su ejecución.

—Riesgos asociados con el proyecto.

Como puedes ver, construir el Programa de Transformación digital no es un proceso complejo. Se trata de identificar todos los proyectos que debemos arrancar como parte de la Estrategia Digital, reflexionar sobre ellos y documentarlos adecuadamente en cada documento de proyecto.

En el siguiente apartado, vamos a trabajar sobre ejemplos reales de Estrategias Digitales de empresas cotizadas, con el objetivo de consolidar todo lo que has aprendido hasta el momento.

EJEMPLOS REALES DE ESTRATEGIAS DIGITALES

En este apartado, vamos a analizar juntos ejemplos reales de Estrategias Digitales. Para ello, trabajaremos con diferentes compañías cotizadas sobre las que analizaremos su actividad y la información clave de su Estrategia Digital.

En general, nos basaremos en datos de la web corporativa de la empresa u otros documentos de carácter público.

Una vez analizada toda la información, procederemos a su interpretación, es decir, realizaremos una reconstrucción de la Estrategia Digital real de la compañía que estamos estudiando. Aunque, en general, no vamos a ser capaces de identificar la estrategia completa de la empresa, el análisis realizado será suficiente para cumplir con los objetivos de consolidación de conceptos.

Empecemos por Walmart. Según Wikipedia, es "la mayor empresa de ventas minoristas del mundo y protagonista de uno de los mayores éxitos empresariales de la historia. En total Walmart tiene 2,2 millones de asociados —como llama a su plantilla— y una facturación superior a los 480.000 millones de dólares en el año 2016".

De acuerdo con la documentación existente, podría decirse que los principales Objetivos clave de negocio de la Compañía pertenecen a la perspectiva de Cliente y se concretan en que estos puedan comprar fácilmente los productos la Compañía, ya sea digital o físicamente.

Considerando dichos objetivos, se podría entender que los componentes clave del Modelo Futuro digital tendrán que ver con la construcción de nuevas herramientas digitales para los clientes (por ejemplo, aplicaciones móviles y/o solución de pago móvil).

Dichos componentes, dan lugar a los Proyectos que conforman el Programa de Transformación digital de la Compañía, por ejemplo el desarrollo e implantación de la solución *Walmart Pay*.

¿Te atreves a documentar Objetivos Clave de negocio adicionales con la plantilla que te he presentado anteriormente?

A continuación, vamos a ver el caso práctico de Ikea.

Empecemos por la descripción de la actividad de la Compañía. Según Wikipedia, "es una corporación multinacional fundada en la provincia de Småland (Suecia) en 1943, dedicada a la fabricación y venta minorista de muebles, objetos para el hogar y otros objetos de decoración de diseño contemporáneo".

De acuerdo con la información disponible, la Compañía está buscando potenciar las relaciones con los clientes independientemente de si la compra es física o virtual (digital). También buscan ofrecerles información clave en relación con los productos que venden: ¿dónde se crearon? ¿quién los creó? ¿son sostenibles?, etc.

Considerando dichos objetivos, se podría entender que los principales componentes del Modelo Digital futuro de Ikea están relacionados con la generación de capacidades de comercio electrónico y compra online.

Sobre la base del análisis realizado, nos podemos atrever incluso a identificar algunos de los Proyectos que conforman el Programa de Transformación digital de la Compañía. Uno de los principales sería expandir la solución de comercio electrónico a todos los mercados donde operan.

¿Te atreves a documentar alguno de estos proyectos con la plantilla que te he presentado anteriormente?

A continuación, vamos a ver el caso práctico de Argos. He seleccionado esta compañía porque, en muchas ocasiones, es señalada como una de las mejores prácticas en Transformación Digital (por ejemplo, utiliza realidad aumentada en sus catálogos de productos).

Empecemos por la descripción de su actividad. De acuerdo con los datos de su propia web, Argos es "uno de los minoristas líderes del Reino Unido, que ofrece más de 60,000 productos online y en tienda".

Según la información disponible, podría decirse que la Compañía tiene como objetivo clave de su Estrategia Digital desarrollar una experiencia digital de compra que sea intuitiva y consistente entre diferentes dispositivos. También persigue ofrecer soluciones a sus clientes para comprar los productos de la compañía dónde y cuándo ellos quieran.

Considerando dichos objetivos, se podría entender que los componentes clave del Modelo Digital futuro serían aquellos que permitan tener experiencias de compra digital de claro valor añadido: sistemas para compra online, tabletas en tiendas, catálogos de productos completamente digitales.

Sobre la base del análisis realizado, nos podemos atrever incluso a identificar algunos de los proyectos que conforman su Transformación Digital Plan, por ejemplo, la conversión de catálogos en papel a digitales.

Espero que los casos de estudio te hayan gustado. En cualquier caso, recuerda que el objetivo es consolidar todo lo que has aprendido hasta el momento.

Ahora vamos a continuar con las últimas etapas de la formulación de la Estrategia de negocio: la definición del Modelo financiero y la gestión del Programa de Transformación Digital.

MODELO FINANCIERO

En este apartado, vamos a estudiar una etapa clave de la metodología *DSB*: la definición del Modelo financiero, es decir, el conjunto de inversiones necesarias para la implantación de la Estrategia Digital y el retorno esperado.

En ese sentido, las conclusiones del Modelo financiero deberán determinar la inversión necesaria para desarrollar la Estrategia Digital, los beneficios financieros esperados (que deben estar alineados con los establecidos en los KPIs) y los riesgos asociados.

Para el desarrollo del Modelo financiero se contempla la realización de las siguientes actividades.

En primer lugar, se debe determinar el enfoque del análisis, validándolo por parte del equipo de la Estrategia Digital y los decisores clave de la compañía.

A continuación, se desarrollarán las hipótesis de trabajo que van a guiar todo el análisis (más tarde veremos un ejemplo de esto).

Luego, en función de dichas hipótesis, se determinarán las inversiones necesarias para la implantación de la Estrategia. Dichas inversiones serán las necesarias para implantar todos los proyectos que componen el Programa.

También se calculará el crecimiento esperado con la implantación de la Estrategia Digital; en términos de ventas, facturación y rentabilidad. Dicho crecimiento será la suma de todos los beneficios cuantitativos de los diferentes proyectos que componen el Programa.

Una vez se han determinado inversiones y retorno, se realizará un análisis de sensibilidad, es decir, se determinará cuál es el riesgo de no alcanzar los objetivos esperados si se producen cambios en las hipótesis de trabajo.

Finalmente, se documentarán las conclusiones y

recomendaciones del Modelo financiero para su revisión por el Consejo de Dirección.

Veamos un ejemplo ilustrativo de Modelo financiero para un proyecto que persigue construir una solución de comercio electrónico (el Modelo del Programa de Transformación sería la consolidación de datos financieros de todos los proyectos que lo componen).

Empecemos por las hipótesis de trabajo. Vamos a suponer que esta solución únicamente venderá en USA. Como verás a continuación, esta hipótesis tendrá un impacto sobre el cálculo de los beneficios esperados.

A continuación, debemos determinar las inversiones necesarias para la implantación de este Proyecto. Lógicamente, para crear la nueva solución deberemos invertir en ingenieros, software, hardware, etc. Dicha inversión se incluiría en el modelo financiero dando lugar a la siguiente tabla (ejemplo ilustrativo):

x $1000	Año1	Año2	Año3	Año4	Año5
Facturación USA					
Inversiones	50,000	50,000			
Costes					
Margen%					
Facturación fuera de USA	0	0	0	0	0

Calculemos ahora el crecimiento esperado con la implantación de la solución en términos de facturación y rentabilidad. Podría ser algo parecido a lo siguiente (ejemplo ilustrativo):

x $1000	Año1	Año2	Año3	Año4	Año5
Facturación USA	35,000	50,000	80,000	100,000	150,000
Inversiones	50,000	50,000	10,000	12,000	14,000
Costes	10,000	15,000	24,000	30,000	45,000
Margen %	-71.4%	-30%	70%	70%	70%
Facturación fuera de USA	0	0	0	0	0

Como puedes ver, en el Modelo financiero se estima que las ventas fuera de USA serán cero en los próximos años (esa era nuestra principal hipótesis de trabajo).

¿Cuál sería el análisis de sensibilidad de este modelo financiero? Podríamos jugar con diferentes variables. Por ejemplo, si vendemos fuera de USA cambiará sustancialmente la facturación (aunque tendremos más costes). También podemos analizar la sensibilidad a los costes de desarrollo de la solución (lógicamente, a más coste menor margen).

A modo de conclusión, puedes observar que el Modelo financiero te permite determinar el retorno de la inversión asociada al Programa de Transformación digital, así como establecer KPIs financieros específicos sobre los que medir su éxito.

A continuación, vamos a ver la última etapa de la metodología: la Gestión del Programa de Transformación digital.

GESTIÓN DEL PROGRAMA DE TRANSFORMACIÓN DIGITAL

La implantación de la Estrategia Digital requerirá de la ejecución del conjunto de proyectos que la componen. En función del tipo de compañía en la que trabajemos, se puede optar por enfoques "Agile" (más orientados a obtener resultados incrementales de forma más rápida) o enfoques Predictivos (orientados a obtener resultados únicamente al final de proyecto).

En cualquier caso, se trata de enfoques de gestión de proyectos que son ampliamente conocidos y que incluyen el desarrollo de los siguientes procesos:

—Gestión de la integración, que incluye la coordinación de todas las actividades de supervisión del proyecto.

—Gestión del alcance del proyecto.

—Gestión del plan de trabajo y calendario del proyecto.

—Gestión de los costes del proyecto.

—Gestión de la calidad.

—Gestión de los recursos humanos asignados al proyecto.

—Gestión de las comunicaciones internas y externas.

—Gestión de los riesgos asociados al proyecto.

—Gestión de la compra de recursos necesarios para la ejecución del proyecto.

—Gestión de los usuarios clave del proyecto.

Sin embargo, si queremos garantizar el éxito de la Estrategia Digital, se requerirá también la gestión eficiente y global del conjunto de proyectos que la componen, es decir del Programa de Transformación Digital. Es en este punto, donde la metodología *DSB* plantea la aplicación de técnicas específicas de Gestión de Programa, como complemento a las de Gestión de proyectos que permiten la actuación por anticipación en aquellas áreas que suelen marcar la diferencia entre el éxito y el fracaso de la Estrategia Digital.

Veamos un ejemplo muy sencillo para ilustrar la necesidad de la Gestión del Programa. Imaginemos que creamos una solución de comercio electrónico. Lógicamente, tendremos que publicitarla en redes sociales, lo que producirá dependencias entre este proyecto y el de "Impulsar la presencia en redes sociales". Si gestionamos ambos proyectos de forma separada, no controlaremos dichas dependencias y perderemos eficiencia (de hecho, tendremos mayores posibilidades de fracasar).

Por lo tanto, desde un punto de vista práctico, la Gestión del Programa permite planificar, ejecutar, monitorizar y controlar con visión global todos los proyectos dentro del Programa de Transformación digital, y conseguir alcanzar los Objetivos Clave de negocio identificados. Para ello, incluye el desarrollo de las siguientes actividades principales complementarias a la Gestión de los Proyectos:

—Alinear el enfoque global del programa con los objetivos clave de negocio de la Estrategia Digital. Es decir, garantizar que perseguimos siempre el cumplimiento de los KPIs que se habían identificado o establecer acciones correctoras en caso contrario.

—Desarrollar un calendario integrado de la Estrategia Digital (que permita anticipar y corregir posibles desviaciones).

—Desarrollar un plan integrado de costes y beneficios de la Estrategia Digital (integrando inversiones y gastos de todos los proyectos que la componen).

—Controlar los recursos humanos necesarios para la ejecución del programa de forma global, resolviendo posibles conflictos entre proyectos.

—Controlar la comunicación global de los avances de la

Estrategia Digital, tanto a nivel interno como externo.

—Gestión global de los riesgos, a nivel de programa, analizando y consolidando los riesgos de cada proyecto.

—Control de las adquisiciones a nivel de programa, favoreciendo el aprovechamiento de sinergias y la optimización de costes.

Normalmente, dichos procesos se ejecutan por la Oficina de Gestión del Programa que lidera el llamado Gestor del Programa. La Gestión de Proyectos y Programas es una disciplina compleja. Si te interesa aprender más sobre ella, puedes tomar cualquier curso existente en la red.□

RESOLVIENDO EL RETO DE SALUD DENTAL LTD.

Estamos llegando al final del libro. En este apartado, vamos a ver la resolución del caso de Salud Dental Ltd. en relación con el proyecto de "Creación de una solución digital de Cirugía guiada por ordenador", al ser el que puede tener un mayor impacto sobre el negocio de esta compañía.

Para ello, vamos a aplicar la metodología *DSB*, algo que recuerda que no pudo hacer esta compañía en el momento en que desarrollo su Estrategia digital (lo que hizo que faltara consistencia y profundidad en su planteamiento estratégico).

Empecemos pues identificando los Objetivos clave de negocio.

En primer lugar, necesitamos alcanzar un crecimiento superior al 5% en los próximos 3 años. Se trata de un objetivo Financiero cuyo KPI es el crecimiento anual, que debe ser superior al 5%.

A continuación, tendremos un objetivo de tipo Cliente: mejorar la satisfacción de nuestros clientes al reducirse el número de fracasos de los implantes. El KPI sería el de Nivel de satisfacción del cliente que debería ser superior, por ejemplo, al 97%.

Y, finalmente tenemos un objetivo Talento. En concreto, atraer a los mejores profesionales del mundo Digital para desarrollar la nueva solución. Salud Dental Ltd. es una empresa de implantes, no de soluciones digitales. Si van a ser un jugador importante en esta área necesitan atraer el mejor talento como parte de la Estrategia Digital. El KPI clave es "Número de expertos en CGS contratados en los próximos 3 años". Necesitamos contratar a nuevos ingenieros para empezar a desarrollar la solución y necesitamos a los mejores.

Recuerda que el equipo de Salud Dental Ltd. se había centrado únicamente con el objetivo financiero. En mi caso, dado que se trata de un caso de estudio, he definido tres objetivos clave de negocio para que veas la profundidad con la que puedes trabajar. ¿Te atreverías a pensar en un cuarto objetivo adicional de la perspectiva Interna?

Perspectiva	Objetivo Clave de negocio	Propio de la Estrategia Digital (Sí/No)	KPI y Umbral
Financiera	Crecimiento de la facturación	No	Superior al 5% en los próximos 3 años
Cliente	Mejorar la satisfacción de los clientes	No	Nivel de satisfacción del cliente > 97%
Talento	Atraer a los mejores profesionales de Digital	Sí	Número de expertos en CGS contratados en los próximos 3 años > 50
Interna	...	...	...

Pasemos ahora a analizar el Modelo Digital actual. Como ya hemos practicado esta actividad en apartados anteriores, presentaré aquí únicamente lo que serían las conclusiones del análisis:

1. Eje Mercado

—Los competidores de Salud Dental Ltd. están trabajando con el concepto de "Cirugías guiadas por ordenador", pero ninguno de ellos ofrece todavía una solución integrada que incluya escáner, impresión 3D y software de visualización/planificación.

—Los dentistas tienen un interés máximo en disponer de soluciones integradas que permitan mejorar la eficiencia en la colocación de implantes. Sin embargo, al tratarse de un mercado de precio, no será fácil lograr que los clientes paguen por el valor de esta nueva solución.

—En cualquier caso, la impresión 3D permite soportar la cirugía dental guiada por ordenador y proporcionar más valor a los clientes al reducir el número de fracasos en la colocación de implantes. Una solución de Salud Dental Ltd. que posibilite este tipo de cirugía dental nos permitiría crecer y mejorar nuestra rentabilidad.

2. Eje Tecnológico

—A nivel de TI, no disponemos de activos hardware o software de partida para construir la nueva solución de CGS. Por lo tanto, en relación con las capacidades de Impresión 3D y Software de visualización/planificación podríamos decir que somos "Ausentes".

3. Eje Funcional

—A nivel funcional, tenemos una estructura preparada para vender productos (implantes) que también podría vender los escáneres. Sin embargo, para poder operar la solución de CGS deberemos crear funciones específicas a nivel interno y/o establecer acuerdos con terceros.

4. Eje organizativo

—A nivel organizativo, nuestra propia idiosincrasia (los implantes son alta tecnología) nos hace ser una organización Transformada con capacidad para soportar ideas digitales disruptivas como la propia solución de CGS.

¿Te das cuenta de la importancia de desarrollar un análisis detallado del Modelo Digital actual? El equipo de Salud Dental Ltd. había definido una aspiración (crecer) y un concepto (la solución de CGS). Sin embargo, no era consciente de todas las dificultades que iba a tener para implantar esta nueva solución teniendo en cuenta el punto de partida. Por ejemplo, si no desarrollaba antes todas las capacidades necesarias para poder prestar los nuevos servicios a los dentistas, la iniciativa no iba a tener éxito.

Continuemos ahora con la definición del Modelo Digital futuro, presentando un resumen ejecutivo y conceptual del mismo:

—Salud Dental Ltd. ofrecerá escáneres a sus clientes (incluyendo la formación en su utilización). Se ofrecerán en modo "renting" a una tarifa mensual que incluyan los servicios de mantenimiento. Dado que la Compañía tiene una capacidad "Ausente" en esta área, estos escáneres se desarrollarán en colaboración con una empresa china con los que se establecerá una alianza estratégica.

—El modelo operativo se basará en la ejecución del proceso de CGS entre el Cliente y Salud Dental Ltd.. El cliente hará un TAC bucal del paciente (mediante el escáner que se le proporcionará en modo renting) y lo enviará a Salud Dental Ltd. junto con los datos clínicos necesarios. El equipo de expertos de Salud Dental Ltd. planificara la intervención y fabricara la férula correspondiente mediante impresión 3D. Los implantes, la guía de intervención clínica y la férula serán enviadas al cliente de acuerdo con el nivel de servicio contratado por este. Estas funciones requerirán de la compra de impresoras dentales, la contratación de un equipo de personas que puedan operarlas y un conjunto de especialistas que puedan desarrollar la guía clínica. Este servicios se facturarán como un precio adicional al implante.

Finalmente, definimos el Programa de Transformación digital. En este caso es fácil. Tenemos un único proyecto que es el de Creación de la solución de CGS. No vamos a hacer aquí el documento de este proyecto (ya hemos trabajado en ello en varios apartados del libro), sino a trabajar el Modelo Financiero. Como te he explicado anteriormente, se trata de comparar el incremento de ventas/facturación que esperamos obtener con la Estrategia Digital vs los costes asociados con su implantación.

A nivel de costes podríamos considerar el equipo de ingenieros y el coste de subcontratar el desarrollo de software. A nivel de ingresos, podemos suponer que las ventas se incrementarán un % en los próximos años debido a la venta de los nuevos servicios de CGS. En la siguiente tabla tienes representados estos datos:

	Estrategia Digital (impacto en ventas)		
Productos	Año 1	Año 2	Año 3
	Ventas (M$)	Ventas (M$)	Ventas (M$)
Nuevos Servicios CGS	2.5	5.0	9.0
Total			16.5

	Estrategia Digital (Plan de Inversiones)		
Componente	Año 1	Año 2	Año 3
	Inversiones (M$)	Inversiones (M$)	Inversiones (M$)
Nuevos Ingenieros	1.5	1.5	1.5
Desarrollo	2.5	1.5	1.5
Subtotal	4.0	3.0	3.0
Total			10.0

Como puedes observar, el Modelo Financiero de la iniciativa CGS nos demuestra que esta puede ser rentable a partir del segundo año, donde las ventas acumuladas superan a las inversiones acumuladas necesarias para su puesta en marcha (7.5 vs 7 millones de dólares).

Queda claro que no es lo mismo plantear una Estrategia Digital en términos aspiracionales (quiero crecer en mi división de implantes) que hablar de la creación de una solución de CGS que permitirá a los dentistas reducir el ratio de fracasos y alcanzar unas ventas acumuladas de 16.5 millones de dólares en el año 3 con una inversión de 10 millones.

Espero que la resolución de este caso de estudio te haya sido útil para consolidar todo lo aprendido. Han pasado muchos años desde que Salud Dental Ltd. desarrolló su primera Estrategia Digital. Actualmente, los clientes son cada vez más digitales. Iniciativas como las que planteaba en su momento esta compañía son ya una realidad plenamente extendida. Sin embargo, lo que sigue siendo importante es el espíritu con el que ellos trataron de resolver un problema de crecimiento, creando nuevas capacidades digitales para transformar el negocio de la división de implantes con el objetivo de seguir creciendo.

DESARROLLA TU PROPIA ESTRATEGIA DIGITAL

Ha llegado la hora, ¿estás preparado? Es el momento de que desarrolles tu propia Estrategia Digital utilizando la metodología que te he enseñado.

En primer lugar, revisa la Estrategia de Negocio de tu compañía con el objetivo de identificar los Objetivos clave de la misma que formarán también parte de la Estrategia Digital. Adicionalmente, debes determinar también los objetivos de negocio propios de dicha Estrategia.

A continuación, analiza el Modelo Digital actual de tu compañía en varios ejes (Mercado, Tecnológico, Funcional y Organizativo).

Después, define el Modelo Digital futuro que incluirá todos los componentes necesarios para materializar los objetivos de negocio identificados.

Una vez hayas identificado el Modelo actual y el Modelo futuro/deseado, define el Programa de Transformación digital que incluye todos los proyectos necesarios para pasar de una situación a la otra.

Una parte importante de la Estrategia Digital es la determinación de los costes y beneficios asociados a su implantación. Define, por lo tanto, el Modelo financiero según te he explicado en apartados anteriores.

Finalmente, pon la Estrategia Digital en marcha, y emplea las técnicas de Gestión del Programa que te he enseñado para gestionar el éxito de su implantación.

Bien, hemos llegado al final. Ha llegado el momento de resolver el acertijo: la compañía que inventó el primer teléfono móvil (digital) no fue Apple, fue... Motorola. Sin embargo, es indudable que Apple ha aplicado mucho mejor que Motorola los principios de Transformación Digital necesarios para tener éxito en un entorno tan competitivo como el actual.

Espero que te haya gustado el libro. Si ha sido así, te agradecería sinceramente que pusieras una reseña positiva en la plataforma. De esta forma, otros lectores podrán acceder al mismo dado que Google o Amazon dan mayor visibilidad a los autores si tienen valoraciones adecuadas.

ACERCA DEL AUTOR

Bert es un asesor de negocio e inversor privado con experiencia en la creación de modelos de negocio disruptivos basados en las nuevas tendencias tecnológicas. Durante los últimos quince años se ha dedicado principalmente a innovar modelos de negocio de compañías cotizadas y a ayudar a startups tecnológicas para que se muevan de la etapa de inversión inicial a la de crecimiento.

Entre sus libros cabe destacar los siguientes:
—*Creación de Modelos de Negocio de éxito basados en Blockchain*: Forma parte de la Nueva Revolución basada en la Cadena de Bloques.
—*Creación de Modelos de Negocio de éxito basados en Inteligencia Artificial*: Utiliza Machine Learning y Deep Learning para hacer crecer tu negocio.
—*Formula una Estrategia de Negocio Ganadora*: Aprende a formular Estrategias de Negocio de Éxito para impulsar el Crecimiento.
—*Formula una Estrategia Digital Ganadora*: Aprende a formular Estrategias Digitales de Éxito para hacer crecer tu Negocio.

www.ingramcontent.com/pod-product-compliance
Lightning Source LLC
Chambersburg PA
CBHW031540210526
45464CB00003B/1080